VON:

FROHE OSTERN

FÜR:

Bei mir ist jeden Tag Ostern – ich suche immer irgendetwas!

Ärgerlich, wenn Ihre Ostergeschenke erst nach den Feiertagen ankommen. Fragen Sie bei der Post nach dem neuen, schnellen Oster-Service:

Eizustellung Exprès

Typisch
Ostern!

Selbst die Sonne muss man suchen!

Was macht
das Ei, wenn es auf den
Osterhasen trifft?

Es wirft sich in Schale!

Wussten Sie eigentlich, dass Fahrradfahrer es auch an Ostern nicht gerne sehen, wenn ihr Vorderrad eiert?

„Wenn's Ostersonntag
stürmt und schneit,
ist Ostermontag nicht
mehr weit!"

Alte Bauernregel

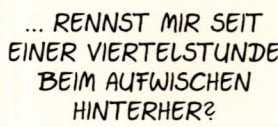

HEISSER TIPP!

Schokoladeneier lassen sich
prima an ungeahnten Plätzen
wie etwa zwischen Buchseiten,
unter dem Teppich oder zwischen
Heizungsrippen verstecken,
wenn man sie vorher bügelt!

**Wenn man am
Ostersonntag das Müsli
mit Eierlikör anrührt,
sehen die Feiertage
gleich viel freundlicher aus.**

„*Wär das Ei statt rund mehr eckig, ging's den Hühnern ganz schön dreckig!*"

**NICHT SO
GERN GESEHEN:**

Besonders ehrgeizige Osterhasen

Feiern Sie Ihre **Geburtstage mit „Viel Spaß!"**

ISBN 978-3-8303-4518-3

ISBN 978-3-8303-4519-0

ISBN 978-3-8303-4520-6

ISBN 978-3-8303-4521-3

ISBN 978-3-8303-4542-8

ISBN 978-3-8303-4540-4

Noch mehr Bücher und Kalender von Uli Stein gibt's auf **www.lappan.de**

Foto: Iris Klöpper

Uli Stein, 1946–2020, war Deutschlands beliebtester und erfolgreichster Cartoonist. Er studierte an der Freien Universität Berlin Lehramt. Während seines Studiums arbeitete er als freier Fotograf und Texter. Kurz vor dem Examen brach er sein Lehramtsstudium ab, um hauptberuflich Journalist zu werden. Er arbeitete daraufhin unter anderem sechs Jahre für den Saarländischen Rundfunk, bis er sich Ende der 1970er-Jahre ganz auf das Zeichnen konzentrierte.
1982 kamen erste Postkarten und 1983 erschien das erste Buch „Ach, du dicker Hund!" im Lappan Verlag. Es folgte eine steile Karriere über die Grenzen Deutschlands hinweg. Eieräugige und knollennasige Menschen, die freche Maus, aber auch seine Katzen, Hunde und Pinguine werden zu Markenzeichen, verewigt auf fast 200 Millionen Postkarten und in mittlerweile fast vierzehn Millionen Büchern. Seine Cartoons erscheinen europaweit in über 100 Zeitschriften und Magazinen.
Neben dem Zeichnen pflegte Stein seit vielen Jahren eine weitere Leidenschaft: das Fotografieren. Als Fotokünstler konzentrierte er sich auf Natur-, Landschafts- und städtische Motive aus der Region Hannover und Niedersachsen. Hinzu kam seine Passion für die Tierfotografie.
Die Uli-Stein-Stiftung für Tiere in Not, die der leidenschaftliche Tierschützer 2018 gründete und die in seinem Sinne weitergeführt wird, war für ihn ein Projekt des Herzens.

2. Auflage 2025

© 2024 Lappan Verlag in der Carlsen Verlag GmbH
Völckersstraße 14 – 20, 22765 Hamburg

ISBN 978-3-8303-4554-1

Umschlag- und Innenillustrationen: Uli Stein
Herstellung, Redaktion und Gestaltung: Ulrike Boekhoff

**Triff uns auf facebook.com/lappanverlag
und auf instagram.com/lappanverlag
www.lappan.de**
© Uli Stein-Cartoons bei CATPRINT MEDIA GmbH
www.catprint.de

FSC
www.fsc.org

MIX
Papier | Fördert
gute Waldnutzung
FSC® C002795

**Wir produzieren
nachhaltig**
· Klimaneutrales Produkt
· Papiere aus nachhaltigen
  und kontrollierten Quellen
· Hergestellt in Europa